DIE HAMBURGER FEUERWEHR

Hamburger Feuerwehrmann mit geschulterter Axt im Jahre 1893.

Manfred Gihl

DIE HAMBURGER FEUERWEHR

SUTTON VERLAG

Sutton Verlag GmbH
Hochheimer Straße 59
99094 Erfurt
http://www.suttonverlag.de

Gestaltung und Herstellung: Markus Drapatz
Druck: Druckhaus „Thomas Müntzer" | Bad Langensalza
ISBN: 978-3-86680-635-1

Zwei Hamburger Feuerwehrmänner, um 1890. Der Bart des Feuerwehrmannes rechts war nicht (nur) Zierde, sondern diente in angefeuchtetem Zustand als primitiver Atemschutz.

INHALTSVERZEICHNIS

BILDNACHWEIS

Archiv Feuerwehr Hamburg: Seite 3–54, 56–63, 64u, 68–73, 75o, 77, 83o, 85o, 86u, 87o, 92o, 96u, 97–101, 103–110, 111o, 116u, 121, 124u;
Archiv Brunswig: Seite 112o, 113, 115o, 116o, 117o, 199u, 120o, 124o, 126u;
Archiv Gihl: Seite 2, 64o, 67, 89u, 93;
Foto Brunswig: Seite 74, 75u, 76, 78, 79, 80, 83u, 84, 85u, 86o, 87u, 88o, 89o, 95, 96o, 112u, 114, 118u, 119o, 123u;
Foto Gihl: Seite 88u, 90, 91, 92u, 102, 115u, 117u, 118o, 120u, 122, 123o, 125, 126o, 127.

I

DIE HAMBURGER BERUFSFEUERWEHR: DIE ERSTEN 50 JAHRE

Fast 200 Jahre lang waren die sogenannten Löschanstalten für die Brandbekämpfung in der Stadt Hamburg zuständig. Diese bis zum Jahr 1868 weitgehend von der 1676 gegründeten Feuerversicherung „General Feur Cassa“ (heute Hamburger Feuerkasse) finanzierte Organisation auf freiwilliger Basis bestand aus Handwerkern. Sie erhielten im Falle ihres Einsatzes eine finanzielle Entschädigung von der Feuerkasse. Wegen ihrer weißen Schutzkleidung wurden diese Löschmannschaften im Volksmund „Wittkittel“ genannt. Sie standen unter dem Kommando eines Spritzenmeisters bzw. seit 1763 eines Oberspritzenmeisters.

An Löschgeräten standen den „Wittkitteln“ – wie es dem damaligen Stand der Technik entsprach – Handdruckspritzen, Löscheimer, Wasserkopen (fahrbare Wasserfässer) und Einreißhaken zur Verfügung. Es war klar, dass mit diesen einfachen Geräten ein sich entwickelnder Großbrand nicht beherrscht werden konnte. So war es nicht zu verhindern, dass das am 5. Mai 1842 in der Deichstraße ausgebrochene Feuer sich zu einem verheerenden Flächenbrand ausweitete, der innerhalb von vier Tagen rund ein Drittel der Kernstadt vernichtete. Er ging als der „Große Brand von 1842“ in die Stadtgeschichte ein und erregte in ganz Europa beträchtliches Aufsehen. 1.100 Wohnhäuser und 100 Warenspeicher fielen dem Brand zum Opfer, fast 20.000 Menschen wurden obdachlos.

Die Gründe für die Ausmaße dieses Schadenfeuers waren vielfältig: die enge Bebauung, viele Fachwerkhäuser, voll gefüllte Speicher, Wassermangel, ungünstige starke Winde und mangelhafte Koordinierung der Löschmaßnahmen. 30 Jahre lang beriet der Senat über Verbesserungen des Feuerlöschwesens, berief Kommissionen und holte Gutachten ein. Zwar wurde 1868 die Zuständigkeit des Feuerlöschwesens von der Feuerkasse auf die Stadt als nunmehr öffentliche Aufgabe übertragen, doch sollte es noch weitere vier Jahre dauern, bis der Senat endlich den längst fälligen Beschluss fasste, eine ständig einsatzbereite und fest angestellte Löschmannschaft zu gründen – eine Berufsfeuerwehr. Das geschah am 12. November 1872. Die Freie und Hansestadt mit ihren 380.000 Einwohnern erhielt damit als 17. Stadt im Deutschen Reich endlich eine Berufsfeuerwehr.

Als Leiter der neu gegründeten Berufsfeuerwehr, die zunächst „Permanentes Corps“ hieß, berief der Senat den erfahrenen Danziger Branddirektor Friedrich Wilhelm Kipping. Er nahm 1872 drei Feuerwachen in Betrieb und schuf in wenigen Jahren eine schlagkräftige Feuerwehr quasi aus dem Nichts. Ein Teil der „Wittkittel“ wurde als „Temporaires Corps“ übernommen, aus dem sich später Freiwillige Feuerwehren entwickelten.

Beim Tode von Branddirektor Kipping – er kam während der Bekämpfung eines Speicherbrandes am 22. Oktober 1892 auf tragische Weise ums Leben – waren acht Feuerwachen in Betrieb. Die Personalstärke war von 63 Mann im Gründungsjahr auf 330 Mann angestiegen. Zum Gedenken benannte die Stadt eine Straße nach ihm.

Sein Nachfolger Adolf Libert Westphalen setzte die Aufbauarbeit erfolgreich fort. In seine Amtszeit von 1893 bis 1916 fielen der Beginn der Motorisierung der Löschzüge, die Beschaffung der ersten beiden Feuerlöschboote und die Einrichtung von fünf weiteren Feuerwachen. Große Verdienste erwarb sich Westphalen bei der Verbesserung des baulichen Brandschutzes in mehrgeschossigen Warenspeichern. Damals wurden wiederholt Speicher im Freihafen von verlustreichen Großfeuern heimgesucht. Westphalen schrieb erstmals außen liegende Fluchttreppenhäuser vor. Diese sogenannten Westphalentürme wurden zum Vorbild im Deutschen Reich bei ähnlichen Gebäuden. Schließlich führte er 1898 erstmals Dampffeuerspritzen aus deutscher Fertigung ein, die den bisher beschafften englischen Dampffeuerspritzen technisch ebenbürtig waren.

Zwei außergewöhnliche Einsätze, die Branddirektor Westphalen persönlich leitete, waren in dieser Zeit zu verzeichnen: der Brand der St.-Michaelis-Kirche 1906 und der Brand des Schweriner Schlosses 1913.

Am 3. Juli 1906 entstand im Turm des Hamburger Wahrzeichens „Michel“ infolge unsachgemäß ausgeführter Lötarbeiten ein Brand, der sich rasch auf die gesamte Kirche ausbreitete. Obwohl sieben Löschzüge mit elf Dampffeuerspritzen das Feuer bekämpften, ging der berühmte Kirchenbau vollständig verloren. Dem Turmwächter, der das Feuer noch telegrafisch gemeldet hatte, war der Rückzug abgeschnitten, er kam in Ausübung seines Dienstes ums Leben. Infolge der großen Strahlungshitze erfasste das Kirchenfeuer auch mehrere Wohnhäuser in der Nachbarschaft.

Am 14. Dezember 1913 abends erreichte die Hamburger Feuerwehr ein dringliches Hilfsersuchen aus Schwerin. Dort war das herzogliche Schloss in Brand geraten und die dortige Freiwillige Feuerwehr war inzwischen am Ende ihrer Kräfte. Noch in der Nacht wurde ein Sonderzug bereitgestellt und mit zwei Dampffeuerspritzen, Mannschafts- und Gerätewagen beladen. Unter der Führung von drei Offizieren griffen 50 Hamburger Feuerwehrmänner schon 20 Minuten nach Ankunft so wirkungsvoll ein, dass wesentliche Teile des Schlosses erhalten blieben.

Als Reserveoffizier wurde Branddirektor Westphalen im Ersten Weltkrieg zum Militär eingezogen. Er verstarb 1916 nach schwerer Verwundung an der Ostfront. Sein Nachfolger Branddirektor Theodor Krüger meisterte die schwierige Aufgabe, die Feuerwehr unter den kriegsbedingten Einschränkungen funktionsfähig zu halten. Durch Einberufungen von Offizieren und Feuerwehrmännern war die Mannschaftsstärke um mehr als 20 Prozent geschwächt. Die gelichteten Reihen wurden durch Bauhandwerker mit Schnellausbildung aufgefüllt, sodass die Schließung von Feuerwachen vermieden werden konnte. Ein weiteres Problem war die Futterversorgung der 44 Pferde, die es ja immer noch gab, denn die Vollmotorisierung der Löschzüge stand noch in den Anfängen. Von den eingezogenen Feuerwehrbeamten kamen 31 nicht mehr zurück.

Wirtschaftskrise und Inflation hemmten die notwendige technische Weiterentwicklung der Feuerwehr erheblich. Erst 1925 konnte die Motorisierung aller Löschzüge abgeschlossen werden. Zuletzt unterhielt die Feuerwehr noch 29 Pferde. Einen Lichtblick gab es dennoch: Mitte 1922 konnte die neue Hauptfeuerwache am Berliner Tor bezogen werden. Das für die Stadt typische Backsteingebäude wurde von Oberbaudirektor Fritz Schumacher entworfen. Das Jubiläum „50 Jahre Berufsfeuerwehr“ am 12. November 1922 fiel angesichts der allgemeinen wirtschaftlichen Notlage bescheiden aus: Man begnügte sich mit Löschvorführungen an der neuen Hauptfeuerwache und mit öffentlichen Festreden. Die Hauptfeuerwache am Berliner Tor überstand alle Kriegseinwirkungen und ist bis heute Sitz der Branddirektion geblieben.

Am 12. November 1872 nahm die Berufsfeuerwehr mit vorerst drei Feuerwachen ihre Tätigkeit offiziell auf. In der Nähe des Schweinemarktes (heute Spitalerstraße) wurde die Feuerwache 1 in einer ehemaligen Glockengießerei eingerichtet und war als Sitz der Branddirektion gleichzeitig Hauptfeuerwache.

Friedrich Wilhelm Kipping, erster Branddirektor der Berufsfeuerwehr Hamburg, leitete sie von 1872 bis zu seinem tödlichen Dienstunfall am 22. Oktober 1892.

Alarm für den Löschzug an der Hauptfeuerwache im Jahre 1903. Beim Anspannen der Pferde ging es stets sehr lebhaft, aber geordnet zu. In Minutenschnelle waren die bespannten Fahrzeuge ausrückbereit.

Die Handdruckspritze Nr. 1 der Hauptfeuerwache. Der Feuerwehrmann links hat einen „Rauchhelm“ angelegt, der Feuerwehrmann rechts zeigt einen handbetätigten Blasebalg zur Erzeugung der Atemluft. Ganz links sieht man ein größeres Luftpumpengerät.

Dieselbe Handdruckspritze, jetzt mit einem Schimmel und einem „Brauenen“ bespannt und mit fünf Feuerwehrmännern besetzt. Angehängt ist eine fahrbare Schlauchhaspel.

Der bespannte Wasserwagen Nr. 5 der Feuerwache 1, um 1880. In einer Art Holztonne wurden ca. 400 Liter Wasser mitgeführt.

Eine bespannte Dampffeuerspritze der Feuerwache 1, um 1880. Die Dampffeuerspritze hatte der englische Hersteller Shand, Mason & Co geliefert.

Der bespannte Löschzug der Hauptfeuerwache rückt mit seinen vier Fahrzeugen – bestehend aus Dampfspritze, Mannschaftswagen, Gerätewagen und mechanischer Leiter – zum Feuer aus. Jeweils auf dem linken Pferd reitet ein Feuerwehrmann.

Einsatz eines bespannten Löschzugs im Jahre 1892 in der Innenstadt. Rechts im Bild erkennt man eine Dampffeuerspritze, dahinter eine voll ausgezogene mechanische Leiter, über die eine Schlauchleitung vorgenommen wird.

Die Feuerwache Millerntor war die dritte Wache der 1872 gegründeten Berufsfeuerwehr. Sie wurde am 7. August 1875 in der Glacischaussee (gegenüber dem bekannten Heiligengeistfeld) in Dienst gestellt.

Ein bespannter Mannschaftswagen der Feuerwache 5 (Burgstraße), um 1875. Bemerkenswert ist die starke Besetzung: Mindestens 20 Feuerwehrmänner sind erkennbar. Auf einem Leitergerüst werden Hakenleitern mitgeführt. Der Wachvorsteher ist als Offizier Portepéeträger und hat daher vorschriftsmäßig einen Degen umgeschnallt. Das Töchterchen des Wachvorstehers durfte sich für die Aufnahme dazustellen.

1888 wurde im Hafen die kleine Feuerwache 7 am Worthdamm eingerichtet und mit Dampffeuerspritze und Gerätewagen ausgestattet. Schon 1907 schloss die Wache wieder.

Als die Feuerwache 10 in der Bachstraße (Barmbek) 1898 in Dienst genommen wurde, war ihr Löschzug noch pferdebespannt. Der Melder war immerhin mit einem Fahrrad ausgestattet. Man beachte das Schilderhaus links neben den Remisentoren: Nach militärischem Vorbild stand dort ein Feuerwehrmann als Posten, die Axt wie ein Gewehr geschultert!

FEUERWACHE № 5.

Die Mannschaft der ebenfalls 1878 eröffneten Feuerwache 5 in der Burgstraße ist mit ihren bespannten Fahrzeugen vor dem Wachgebäude für ein Gruppenfoto angetreten.

Ein bespannter Gerätewagen der Feuerwache 10, um 1890. Auf jeder Seite saßen vier Feuerwehrmänner.

Fünf Feuerwehrmänner fuhren stehend auf der bespannten Magirus-Leiter der Feuerwache 10 mit, um 1890. Die Steighöhe der Leiter betrug 20 Meter.

Eine bespannte Gasdruckspritze der Feuerwache 10, um 1900. Die Gasdruckspritze war wegen des mitgeführten Wasservorrats stets das erste Fahrzeug, das die Brandbekämpfung aufnahm.

Die bespannte Dampffeuerspritze der Feuerwache 10 mit angehängter fahrbarer Schlauchhaspel, um 1890.

Die Feuerwache 4 in der Sedanstraße wurde 1878 eröffnet und mit einem bespannten Löschzug ausgestattet.

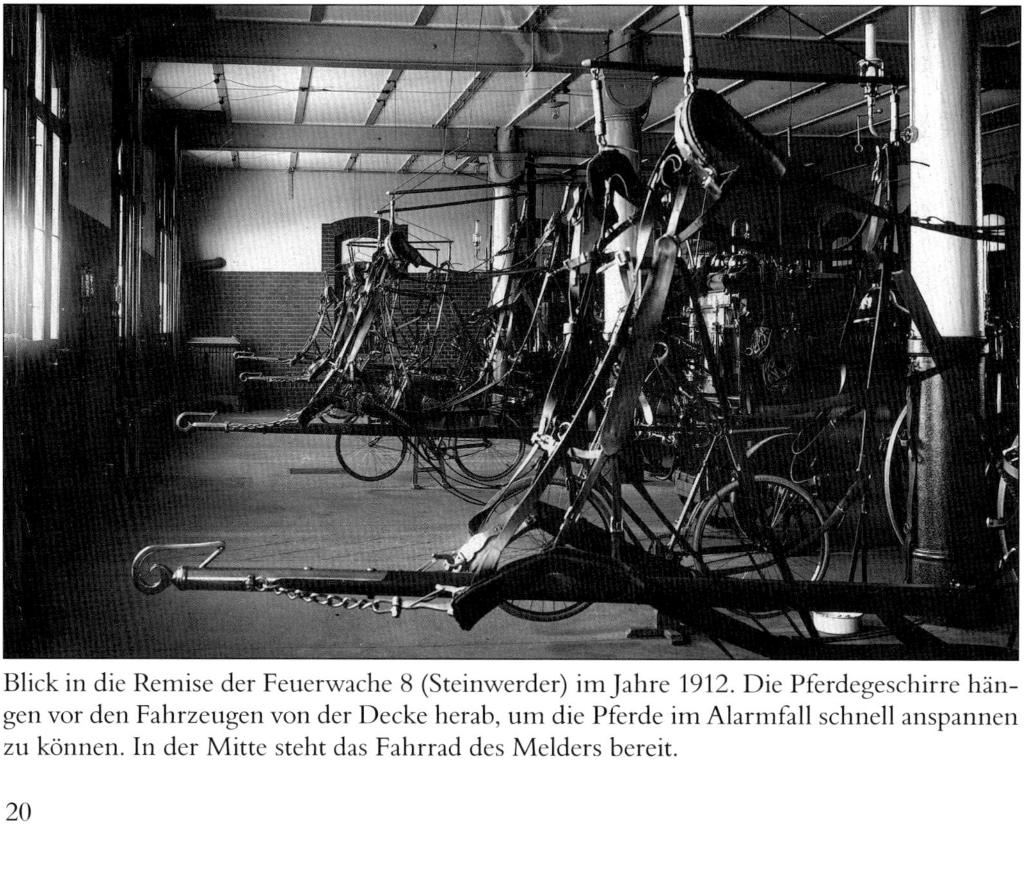

Blick in die Remise der Feuerwache 8 (Steinwerder) im Jahre 1912. Die Pferdegeschirre hängen vor den Fahrzeugen von der Decke herab, um die Pferde im Alarmfall schnell anspannen zu können. In der Mitte steht das Fahrrad des Melders bereit.

Die Gasdruckspritze war seit 1901 das „Angriffsfahrzeug“ jedes Hamburger Löschzugs. Bevor die Dampffeuerspritze genügend Dampfdruck erreichte, konnte das auf der Gasdruckspritze mitgeführte Löschwasser mittels Kohlensäuredruck zum Löschen verwendet werden. Die Gasspritze – hier mit Bespannung – war gewissermaßen der Vorläufer der heutigen Tanklöschfahrzeuge.

Eine andere Hamburger Dampffeuerspritze für Bespannung, gebaut von der Firma Busch-Bautzen, geliefert 1898.

Der Maschinist bedient eine Dampffeuerspritze von Busch-Bautzen. Die Bedienung erforderte Umsicht und Übung, um den erforderlichen Dampfdruck stets zu halten.

Eine typische Hamburger Dampffeuerspritze für Bespannung bei einer Übung, gebaut von der englischen Firma Shand, Mason & Co.

Löschübung mit einer Dampffeuerspritze, die bereits auf einem Fahrgestell mit Benzinmotorantrieb montiert war. Die Aufnahme entstand 1911.

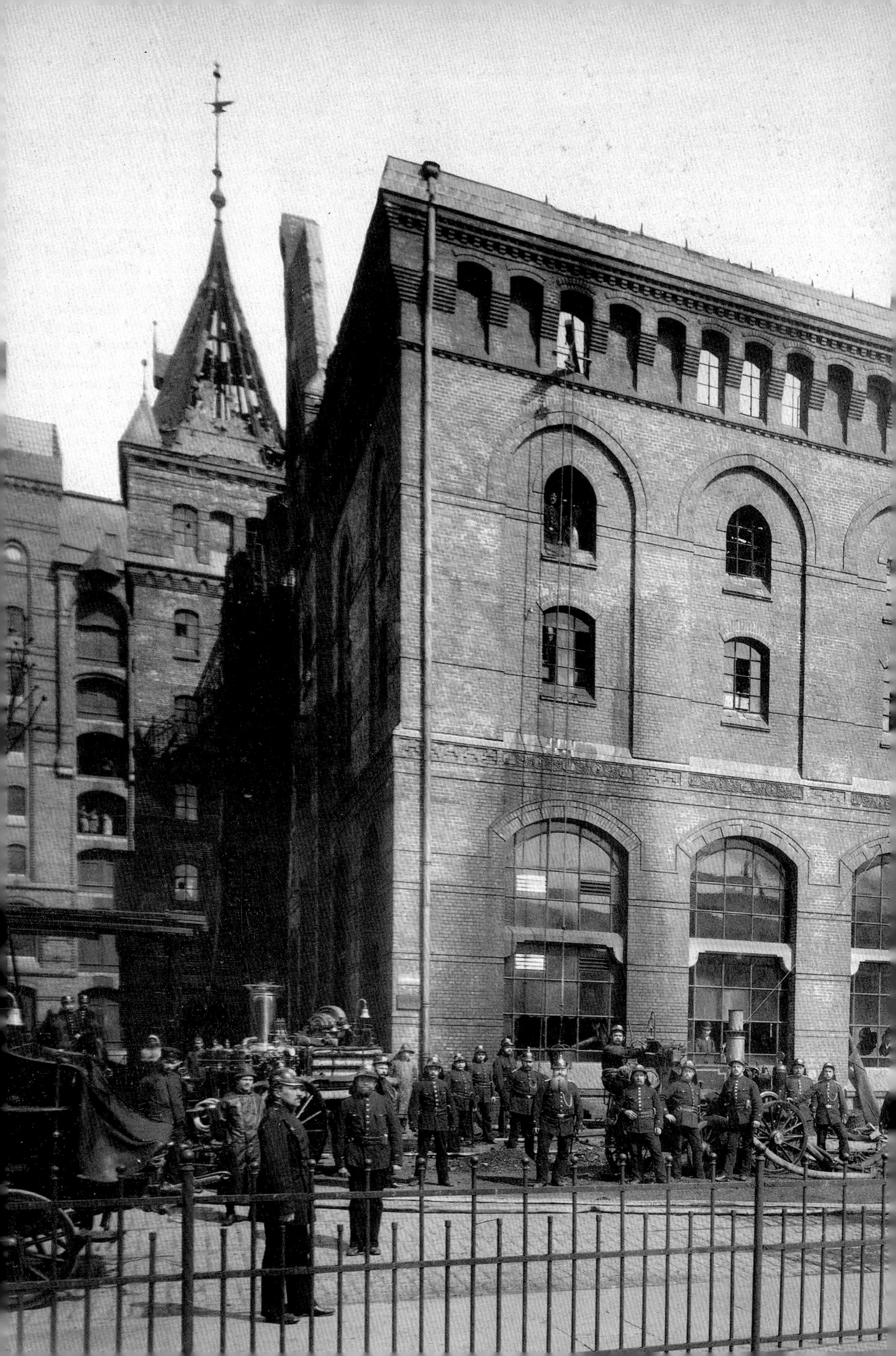

Die Feuerwehr zeigte am 20. April 1891 in der Straße Sandthorquai mit mehreren Löschzügen die Taktik der Brandbekämpfung an einem Speicher.

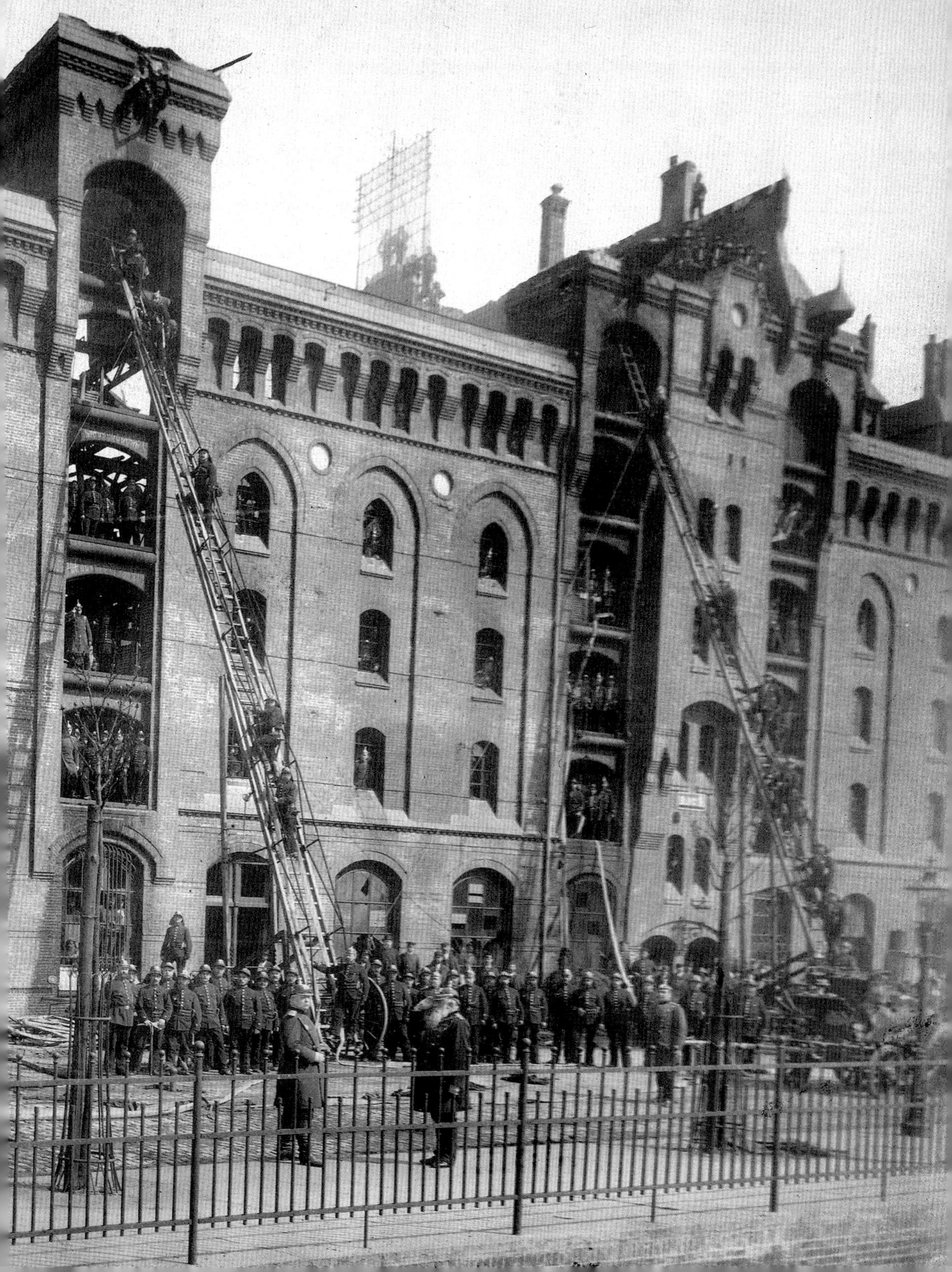

Die Feuerwehr demonstriert das taktische Vorgehen bei einem angenommenen Lagerhallenbrand.

Feuerwehrmänner führen Atemschutzgeräte vor, die Mitte der 1930er-Jahre üblich waren. Der Feuerwehrmann in der Mitte hat ein Sauerstoffschutzgerät angelegt, das vor der Brust getragen wurde.

Anhand einer Kleiderpuppe wird demonstriert, wie die in Brand geratene Kleidung einer Person mit einer Löschdecke erstickt werden kann.

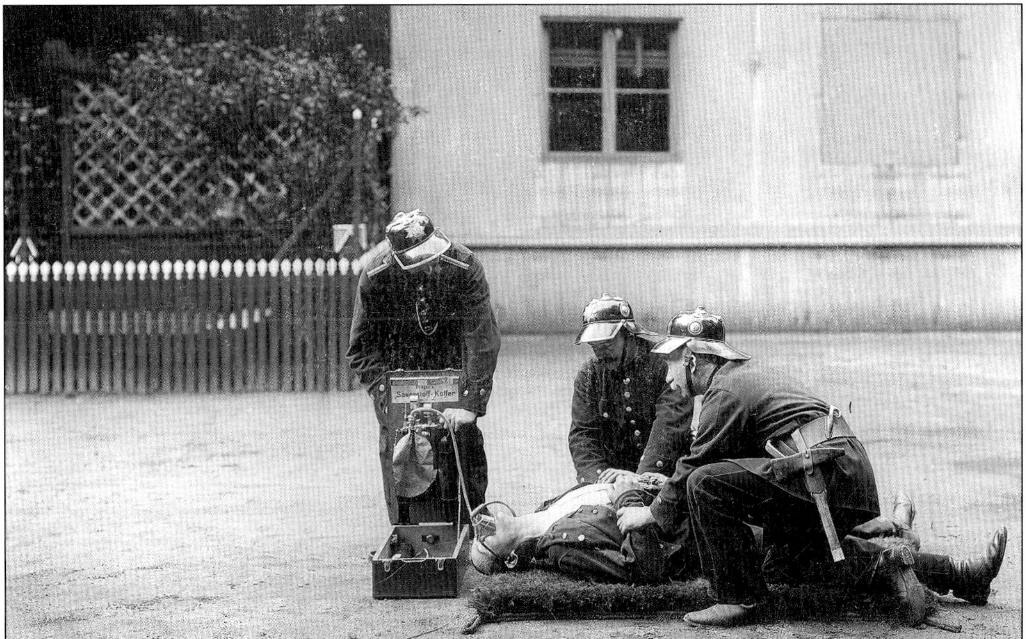

Hamburger Feuerwehrmänner waren schon in den 1920er-Jahren als „Samariter“ ausgebildet. In dieser Übung wurde die Wiederbelebung mittels Dräger-Sauerstoffkoffer demonstriert.

Demonstration des schulmäßig vorgetragenen Löschangriffs in den 1930er-Jahren. Der Angriffstrupp hat Rauchhelme angelegt. Der zweite Feuerwehrmann von links bedient den Handblasebalg, der Feuerwehrmann links hält Sprechverbindung mit dem Angriffstrupp.

Zur Bekämpfung eines Feuers in einem Wohnhaus in der Idastraße am 23. März 1909 setzte die Feuerwehr eine Dampfspritze und ein Entlüftungsgerät ein. Über großkalibrige Rohre wurde der Brandrauch aus dem Keller abgesaugt.

Brand in einem Warenhaus in der Elbstraße 82 am 7. Januar 1901. Von einer frei stehenden mechanischen Leiter wird das Feuer mit zwei Strahlrohren von außen bekämpft.

Feuer im Warenhaus Wagner in der Elbstraße im Jahre 1906. Zwei mechanische Leitern sind zur Brandbekämpfung ausgefahren. Zwei Offiziere der Feuerwehr vor dem Gerätewagen leiten den Einsatz.

Feuer im Warenhaus Wagner in der Elbstraße im Jahre 1906. Zwei mechanische Leitern sind zur Brandbekämpfung ausgefahren, eine dritte steht rechts in Bereitschaft. Links ist eine Gasspritze, in der Mitte hinten eine Dampffeuerspritze erkennbar.

Der Brand der St.-Michaelis-Kirche („Michel") am 3. Juli 1906 erregte seinerzeit großes Aufsehen im ganzen Deutschen Reich. Trotz des Einsatzes sämtlicher 14 Dampffeuerspritzen konnte der Totalverlust des Hamburger Wahrzeichens nicht verhindert werden. Durch Funkenflug gerieten auch viele Häuser in der Nachbarschaft in Brand.

Brand eines Speichers in der Straße Holländischer Brook am 5. September 1907. Im Vordergrund ist eine Dampffeuerspritze in Betrieb, dahinter steht eine mechanische Leiter.

Ein Lagerhaus in der Hafenstraße 51–71 brannte am 3. Mai 1907 nieder. Dicht gedrängt stehen die Schaulustigen und verfolgen die Löscharbeiten aus nächster Nähe.

Ein Wohnhaus am Steindamm geriet am 29. Dezember 1907 in Brand. Links hat eine mechanische Leiter in der obersten Etage angeleitert. Rechts steht eine weitere Drehleiter in Bereitschaft.

Brand in einem Speicher in der Danielstraße 67 am 22. März 1909. Es brannte Baumwolle. Zwei Dampffeuerspritzen sind in Tätigkeit. Im Vordergrund sieht man zwei Polizisten, davon einer beritten.

Der Dachstuhl eines Lagergebäudes an der Straße Kehrwieder im Hafen war am 15. April 1910 in Brand geraten. Im Vordergrund ist eine Dampffeuerspritze im Einsatz.

Die Hamburger Feuerwehr wurde am 14. Dezember 1913 zur Löschhilfe beim Brand des Schweriner Schlosses angefordert. Sofort fuhren 40 Feuerwehrmänner mit zwei Dampfspritzen und Mannschaftswagen in einem Sonderzug nach Schwerin, um die dortige Freiwillige Feuerwehr zu unterstützen. Das Foto zeigt die Rückkehr der Löschmannschaften am Tag darauf.

Rückkehr
der Hamburger Feuerwehr am 15.12.1913
e des Großherzogl. Schlosses in Schwerin.

Großfeuer im Warenhaus Karstadt am Pferdemarkt 43 am 23. Januar 1914. Viele Schaulustige haben sich auf der gegenüberliegenden Straßenseite versammelt.

5322
5

Speicherbrand in der Woltmannstraße im Jahre 1913. Über zwei Drehleitern wird das Feuer bekämpft. Im Vordergrund steht eine motorisierte Gasdruckspritze.

Hakenleiter-Übung an einer Feuerwache. Das Hakenleitersteigen am Steigerturm, den es an jeder Feuerwache gab, erforderte körperliche Gewandtheit und Schwindelfreiheit. Der Steigerturm diente meist gleichzeitig als Schlauchtrockenturm.

Damit die Feuerwehrmänner ihre körperliche Gewandtheit erhalten konnten, gab es an jeder Feuerwache eine Turnhalle.

Vorführung der Erzeugung von chemischem Löschschaum an der Feuerwache 8 (Reiherdamm) im Jahre 1926. Die Hamburger Feuerwehr verfügte über die erste „fahrbare Schaumlöschanlage für Dauerbetrieb" in Deutschland. Rechts im Bild sieht man den Schaumlöschanhänger mit zwei Mischkammern und elektrischem Rührwerk, links ein benzin-elektrisches Löschfahrzeug, dessen Generator den Strom für das Rührwerk lieferte.

Vorführung des chemischen Schaumlöschverfahrens zum Ablöschen eines mit Benzin gefüllten Kessels, um 1930. Das Mischkammerverfahren war durch das einfachere Einkammerverfahren abgelöst worden. In der Bildmitte ist der Schaumgenerator erkennbar, in dem ein „Einheitsschaumpulver" mit Wasser versetzt wird.

Feuerwehrmänner richten probeweise einen Teleskop-Schaummast auf, um den Löschschaum im Brandfall von oben in den Mineralöltank einzuleiten, 1931.

Typisches Telegrafenzimmer einer Hamburger Feuerwache in den 1920er-Jahren.

Typischer Hamburger Straßenfeuermelder von Siemens (geöffnet), fotografiert 1928.

Die Feuerwache 3 (Millerntor) an der Glacischaussee besaß schon in den 1920er-Jahren ein Großentlüftungsgerät zur Absaugung von Brandrauch. Rechts im Bild steht eine Gasdruckspritze mit batterie-elektrischem Antrieb. Die Aufnahme entstand 1926.

Löschvorführungen auf dem Hof der Feuerwache Altona am 22. Juni 1928 vor geladenem Publikum.

Die Feuerwache 5 (Burgstraße) wurde zunächst mit einem automobilen Löschzug ausgestattet, dessen Fahrzeuge batterie-elektrischen Antrieb besaßen.

Die Feuerwache 9 in der Quickbornstraße nahm 1914 ihren Vier-Fahrzeug-Löschzug mit benzin-elektrischen Einsatzfahrzeugen in Dienst.

Der Drei-Fahrzeug-Löschzug der Feuerwache 3 (Millerntor) an der Glacischaussee Ende der 1920er-Jahre. Während die Magirus-Motorspritze (rechts) und die Magirus-Drehleiter (links) bereits über Benzinmotorantriebe verfügten, war der Mannschaftswagen (Mitte) noch mit benzin-elektrischem Antrieb ausgestattet.

Alarm an der Feuerwache 2 (Admiralitätstraße) im Jahre 1930. Der Löschzug rückt mit drei Fahrzeugen aus.

Feuer im Kaufmannshaus Große Bleichen 31 am 15. April 1925. Zwei Drehleitern mit Pferdebespannung haben zur Brandbekämpfung im Dachgeschoss angeleitert. Im Einsatz wurden die Pferde ausgespannt, um die Standsicherheit der Drehleitern nicht zu gefährden.

Feuer in einem Wohnhaus am Hopfenmarkt am 24. Juli 1926. Drei Drehleitern haben an dem siebengeschossigen Gebäude angeleitert.

Feuer in einem Chemiebetrieb in der Liebigstraße 5 am 28. Februar 1928. Das Feuer wurde mit Wasser und chemischem Löschschaum bekämpft.

Brand eines Vorratslagers der Firma Karstadt (Georgswärder Damm 1–3) am 6. Juni 1929. Das in die Brandstelle gepumpte Löschwasser läuft zum Teil aus dem Gebäude heraus.

Feuer im Dachgeschoss eines fünfgeschossigen Wohn- und Geschäftshauses am Gänsemarkt am 16. Juni 1930. Im Vordergrund sind mehrere Taxis zu sehen.

Die neue Hauptfeuerwache am Berliner Tor wurde von Oberbaudirektor Fritz Schumacher entworfen und 1922 bezogen. Vorgefahren ist der von Magirus gelieferte Vier-Fahrzeug-Zug. Er bestand aus Hilfswagen, Drehleiter, Mannschaftswagen und Motorspritze (von links). Man beachte die Vollgummibereifung bei allen Fahrzeugen; die Luftbereifung wurde erst in den 1930er-Jahren allgemein eingeführt.

Übung mit mehreren Motorspritzen und Drehleitern im Jahre 1930 auf dem Hof der Hauptfeuerwache Berliner Tor, der damals noch nicht gepflastert war.

Im Laufe des Jahres 1925 war die Motorisierung der Hamburger Feuerwehr endlich abgeschlossen. Am 17. Dezember 1925 fuhren die beiden letzten bespannten Löschzüge 3 (Glacischaussee) und 4 (Sedanstraße) zum Abschied durch die Stadt. Hier passiert gerade die Drehleiter das Rathaus.

Aus Anlass des 250-jährigen Bestehens der Hamburger Feuerkasse fand am 9. Juni 1926 eine große Feuerlöschübung am Rathaus statt. Angeführt vom Kommandowagen des Branddirektors fährt ein Löschzug vor. Auf dem Balkon über dem Eingangsportal haben sich Vertreter des Senats versammelt.

Bei der Feuerlöschübung aus Anlass des 250-jährigen Bestehens der Hamburger Feuerkasse wurde das Rathaus mit drei Drehleitern angeleitert, um zu demonstrieren, dass auch die oberen Geschosse des Gebäudes im Brandfall von außen erreichbar sind.

II

SCHWIERIGE ENTSCHEIDUNG: DIE MOTORISIERUNG DER FEUERWEHR

Die deutschen Feuerwehren standen um die Jahrhundertwende vor der schwierigen Entscheidung, wie sie ihre Löschzüge motorisieren sollten. So auch die Hamburger Feuerwehr. Versuche mit Dampfantrieb waren fehlgeschlagen. Der Benzinmotor war noch viel zu unzuverlässig. Ein Feuerwehrfahrzeug muss aber bei Alarm unter allen Umständen sofort starten können. Das konnte beim Benzinautomobil von den Herstellern zu dieser Zeit nicht garantiert werden. Auch scheuten einige Branddirektoren davor zurück, „mit Benzin zum Feuer" zu fahren. Elektroautomobile waren damals im Lkw-Güterverkehr, bei Omnibussen und bei der Deutschen Reichspost weit verbreitet. Mehr als 20 Hersteller in Deutschland boten Elektroautomobile an.

So fiel die Wahl vieler europäischer Berufsfeuerwehren – wie zum Beispiel Berlin, Wien, Paris, Amsterdam und London – auf den Elektroantrieb. Der österreichische Ingenieur Ferdinand Porsche hatte elektrische Radnabenmotoren entwickelt, die in den Vorder- oder Hinterrädern eingebaut waren. Diese Radnabenmotoren wurden von Akkumulatoren gespeist. Das Elektromobil war erwiesenermaßen sehr zuverlässig, einfach zu bedienen, abgasfrei und fuhr ruckfrei an. Der Nachteil der geringen Reichweite – 30 bis höchstens 50 Kilometer mit einer Batterieladung – spielte im Feuerwehrbetrieb keine entscheidende Rolle, weil die Entfernungen von der Wache zur Brandstelle in der Regel kurz waren. Die Hamburger Feuerwehr entschied sich nach gründlicher Prüfung ebenfalls für den Elektroantrieb.

Als erste erhielt die Feuerwache 2 (Admiralitätstraße) 1908 einen Löschzug mit batterieelektrischem Antrieb, bestehend aus vier Einsatzfahrzeugen – nämlich Gasdruckspritze, Dampffeuerspritze, Mannschaftswagen und Drehleiter (mit 22 Meter Steighöhe).

Mit zunehmender Zuverlässigkeit des Benzinmotors führte man ab 1914 den benzinelektrischen Fahrantrieb ein. Der Strom für die Radnabenmotoren wurde von einem Generator erzeugt, der von einem Benzinmotor angetrieben wurde. Auch Hamburg stieg auf diesen sogenannten Mixt-Antrieb um. Für fünf Feuerwachen wurden Fahrzeuge mit benzin-elektrischem Antrieb beschafft. Das einzige Benzinautomobil war der Dienstwagen des Branddirektors: ein Opel Phaeton mit 28/40 PS, der 1907 für 14.000 Goldmark gekauft wurde.

Zu Beginn des Ersten Weltkriegs 1914 standen neun Fahrzeuge mit batterie-elektrischem Antrieb, 14 mit benzin-elektrischem Antrieb, aber nur vier mit Benzinmotoren im Einsatzdienst. Während des Krieges konnten nur wenige neue Motorfahrzeuge beschafft werden. Die Feuerwehr war also immer noch auf die Bespannung angewiesen. In den Remisen einiger Feuerwachen standen 44 Pferde.

Endlich waren 1925 auch die letzten beiden Feuerwachen 3 (Millerntor) und 4 (Sedanstraße) motorisiert. Während der letzten Fahrt durch die Innenstadt am 17. Dezember 1925 hatte die Bevölkerung Gelegenheit, Abschied von „ihren" Feuerwehrpferden zu nehmen, die bis dahin zum öffentlichen Erscheinungsbild der Feuerwehr gehört hatten.

Das erste Fahrzeug der Hamburger Feuerwehr mit Benzinmotor war dieses „Offiziersautomobil“: ein Opel Phaeton mit 28/40 PS. Es wurde im Juni 1907 für 14.000 Goldmark angeschafft. Hinten rechts sitzt Branddirektor Westphalen. Seit 1906 führten übrigens alle Hamburger Kraftwagen HH-Kennzeichen.

Die erste Hamburger Drehleiter mit batterie-elektrischem Antrieb wurde 1907 von Magirus geliefert und Anfang 1908 an der Feuerwache Admiralitätstraße in Dienst gestellt. Rechts neben dem Fahrzeug stehen zwei Offiziere, am Schleppsäbel erkennbar. Diese Drehleiter war übrigens die dritte dieses Typs der Magirus-Produktion.

Die Gasdruckspritze der Feuerwache 2 (Admiralitätstraße) mit batterie-elektrischem Antrieb wurde am 12. Februar 1909 in Dienst gestellt.

Mannschafts- und Gerätewagen mit batterie-elektrischem Antrieb im Jahre 1909 an der Feuerwache Admiralitätstraße. Unter der Haube waren die Akkumulatoren untergebracht, die die elektrischen Radnabenmotoren in den Vorderrädern speisten.

1914 erhielt die Feuerwache 9 (Quickbornstraße) eine Motorspritze mit benzin-elektrischem Antrieb. Der Benzinmotor unter der Haube trieb einen Generator an, der die elektrischen Radnabenmotoren in den Vorderrädern speiste.

Da man die gut erhaltenen pferdegezogenen Dampffeuerspritzen noch nicht ausmustern wollte, wurde 1909 der Versuch mit einem elektromobilen Schleppfahrzeug unternommen. Dieser Schleppzug mit vorn angehobener Dampfspritze bewährte sich jedoch nicht und blieb ein Einzelstück.

Dampffeuerspritze auf einem batterie-elektrischen Motorfahrzeug auf dem Hof der Hauptfeuerwache Berliner Tor, um 1910.

Die Feuerwache 11 (Alsterdorf) erhielt 1929 eine Motorspritze mit einer abprotzbaren (von der „Protze“ abtrennbaren) Magirus-Leiter. Das Fahrzeug wird hier auf dem Hof der Hauptfeuerwache Berliner Tor vorgeführt.

Die zweirädrige Abprotzleiter der Feuerwache 11 ist auf die volle Länge von 20 Metern ausgezogen und am Steigerturm der Hauptfeuerwache Berliner Tor in Stellung gebracht.

Eine Motorspritze von Magirus in der Feuerwache 2 (Admiralitätstraße) im Jahre 1926.

Heckansicht der Magirus-Motorspritze, fotografiert 1926 auf dem Hof der Hauptfeuerwache Berliner Tor.

Drei Magirus-Drehleitern auf Magirus-Fahrgestellen mit Benzinmotorantrieb Anfang der 1930er-Jahre bei einer öffentlichen Vorführung.

Die Kraftfahrzeugwerkstatt an der Hauptfeuerwache Berliner Tor, um 1925. Diese Werkstatt bestand hier bis zum Jahr 2001.

Die Freiwilligen Feuerwehren waren in den 1920er-Jahren nur vereinzelt motorisiert. Zu den glücklichen Wehren gehörte die Freiwillige Feuerwehr Neuengamme in den Vier- und Marschlanden. Sie erhielt 1925 eine Motorspritze mit Anhängerspritze. Die Aufnahme entstand auf dem Hof der Hauptfeuerwache Berliner Tor.

1926 konnte die Freiwillige Feuerwehr Bergedorf eine Motorspritze von Magirus in Dienst nehmen.

Etwas Besonderes leistete sich die Freiwillige Feuerwehr Ohlstedt 1926: Als Zugfahrzeug ihrer Motorspritze diente ein Automobil der Marke Brennabor. Es handelte sich jedoch nicht um eine städtische Beschaffung.

Die 1926 gegründete Freiwillige Feuerwehr Billwärder erhielt 1932 einen automobilen Mannschaftswagen mit einer Anhängerspritze.

III

DIE FEUERWEHR IM ZWEITEN WELTKRIEG

Die Jahre von 1930 bis 1939 brachten für die Feuerwehr zwei einschneidende organisatorische Veränderungen mit sich. Am 1. April 1938 trat das „Groß-Hamburg-Gesetz" in Kraft. Die preußischen Städte Altona, Harburg-Wilhelmsburg und Wandsbek (sowie mehrere Gemeinden in den Kreisen Pinneberg und Stormarn) wurden mit der Hansestadt Hamburg vereinigt. Mit einem Schlag wuchs die Bevölkerung um rund 490.000 Einwohner auf 1,7 Millionen Einwohner. Das Staatsgebiet verdoppelte sich nahezu. Die Feuerwehren von vier Städten wurden zusammengelegt. Zu den 13 Hamburger Feuerwachen kamen je zwei Feuerwachen in Altona und in Harburg-Wilhelmsburg dazu (Wandsbek besaß nur eine Freiwillige Feuerwehr). Die 673 Hamburger Berufsfeuerwehrmänner erhielten Zuwachs von 145 Feuerwehrmännern aus Altona und 65 aus Harburg-Wilhelmsburg. Jetzt verrichteten insgesamt 883 Berufsfeuerwehrmänner an 17 Feuerwachen ihren Dienst. Von den eingemeindeten preußischen Ortschaften in Niedersachsen und Schleswig-Holstein wurden 47 Freiwillige Feuerwehren übernommen, sodass die Anzahl der Freiwilligen Feuerwehren von Groß-Hamburg nun 71 mit insgesamt 1.858 Angehörigen betrug.

Die Feuerwehr war bisher der Polizeibehörde unterstellt. Am 1. April 1938 wurde sie in die Bauverwaltung eingegliedert. Chef der Feuerwehr Hamburg war seit 1. Februar 1937 Branddirektor Dr.-Ing. Otto Zaps. Als Chef der Feuerwehr von „Groß-Hamburg" wurde er zum Oberbranddirektor ernannt.

Noch waren die als Folge der Zusammenlegung von drei ehemals selbstständigen Berufsfeuerwehren entstandenen Probleme nicht alle gelöst, da trat eine noch weitaus tiefgreifendere Veränderung in der Organisationsstruktur ein. Am 23. November 1938 trat das „Gesetz über das Feuerlöschwesen" (Reichsfeuerlöschgesetz) in Kraft. Es verfügte die Überführung aller deutschen Berufsfeuerwehren als Feuerschutzpolizei (FSchP) in die Ordnungspolizei. Die Freiwilligen Feuerwehren wurden als „Hilfspolizeitruppen" geführt. Äußerlich sichtbar war die Änderung der Organisationszugehörigkeit daran, dass sowohl die Fahrzeuge als auch die Uniformen jetzt „polizeigrün" waren. Die bislang „zivilen" Dienstgradbezeichnungen wurden denen der Polizei angeglichen. So wurde zum Beispiel aus dem Brandinspektor ein Bezirks-Leutnant der FSchP und aus dem Brandrat ein Hauptmann der FSchP.

Als der Zweite Weltkrieg am 1. September 1939 ausbrach, steckte die Feuerwehr Hamburg noch mitten in den Luftschutzvorbereitungen. Es gab zum Beispiel noch zu wenig Löschfahrzeuge mit Benzinmotoren (geschweige denn mit Dieselmotoren) und die Schlauchkupplungen waren erst teilweise vereinheitlicht. Die Modernisierung der Ausrüstung musste nun im Geschwindschritt vollzogen werden. Längst fällige Fahrzeug- und Gerätebeschaffungen wurden eiligst nachgeholt.

Innerhalb des neu aufgestellten Feuerlösch- und Entgiftungsdienstes (FE-Dienst) war die Feuerschutzpolizei für die Brandbekämpfung zuständig. Da die Hansestadt als Luftschutzort I. Ordnung eingestuft war, wurde der Personalbestand durch Ergänzungskräfte erheblich aufgestockt. Die gesamte Mannschaft der Feuerschutzpolizei Hamburg gliederte sich in 30 FE-Bereitschaften. Das Reichsluftfahrtministerium wies Hamburg zur Verstärkung des Brandschutzes zusätzliche Lösch- und Sonderfahrzeuge zu. Zum Schutz der Hafenanlagen und Schiffe lagen acht Feuerlöschboote bereit. Zusätzlich wurden Barkassen zu Hilfslöschbooten umgerüstet.

Während der Jahre 1939 bis 1941 waren die meisten durch Abwurf von Brandbomben entstandenen Brände in Industrieanlagen und Wohnhäusern noch mit eigenen Löschkräften gut beherrschbar. Doch als 1942 erstmals Flächenbrände in Wohngebieten zu verzeichnen waren, mussten mehrmals auswärtige FE-Bereitschaften zur Unterstützung angefordert werden, sogar bis aus der Reichshauptstadt Berlin. Andererseits waren Hamburger FE-Bereitschaften wiederholt in Lübeck, Kiel, Rostock und Berlin tätig. Auch zur Unterstützung bei der Bekämpfung des Brandes des Passagierschiffes „Bremen" im Jahre 1941 an der Columbuskaje in Bremen wurden Hamburger Kräfte gerufen.

Der schmerzliche Höhepunkt der Luftangriffe auf Hamburg wurde mit den Juli-Angriffen im Jahr 1943 erreicht. Nach massiven Bombenabwürfen am 28. Juli entstanden in den dicht bebauten östlichen Stadtteilen zahlreiche Großbrände, die sich schließlich zu einem gewaltigen Feuersturm verdichteten. Heiße Brandgase stiegen mit hoher Geschwindigkeit auf und saugten Luftmassen vom Boden orkanartig nach oben. Im Feuermeer starben in einer einzigen Nacht Zehntausende von Menschen. Ganze Straßenzüge versanken in Schutt und Asche. Auswärtige Löschkräfte wurden bis aus Leipzig und Dresden herbeigeholt. 67 Angehörige des Hamburger FE-Dienstes verloren ihr Leben, 147 wurden verletzt, 160 Fahrzeuge vernichtet. Mehrere Feuerwachen, darunter auch die Hauptfeuerwache mit Sitz der „kriegswichtigen" Nachrichtenzentrale, erlitten schwerste Beschädigungen. Ausgedehnte Zerstörungen waren auch bei den Schuppen und Kaianlagen im Hafen zu verzeichnen. Zahlreiche Schiffe brannten aus oder sanken. Die Juli-Angriffe gingen als „Operation Gomorrha" in die Kriegsgeschichte ein.

Keine andere deutsche Stadt hat im Zweiten Weltkrieg so schwere Verluste hinnehmen müssen wie Hamburg. Aus Furcht vor weiteren schweren Luftangriffen setzte eine Massenflucht der Bevölkerung in die Landgebiete ein. Die angeschlagene Feuerschutzpolizei blieb zum Schutz der zurückgebliebenen Einwohner eingeschränkt funktionsfähig. Der letzte kriegsbedingte Löscheinsatz erfolgte am 17. April 1945 anlässlich des 213. Luftangriffs auf Hamburg. Am 3. Mai war der Krieg für Hamburg beendet: Britische Truppen rückten kampflos in die Stadt ein.

Weihnachtsfeier mit Familienangehörigen an einer Feuerwache im Jahre 1937. Der Aufenthaltsraum ist festlich geschmückt. Hoffentlich wurde die Feier nicht durch einen Alarm unterbrochen.

Die Mannschaft der 2. Wachabteilung der Feuerwache 6 (Reginenstraße) ist vor ihrer Drehleiter zur Gruppenaufnahme angetreten. Das Foto entstand 1937.

Ein Wachtmeister der Feuerschutzpolizei neben einer Kraftfahrdrehleiter der Firma Metz. Die Steighöhe dieser Drehleiter betrug 26 Meter.

Das ging schief: Ein Löschfahrzeug rutschte während einer Übung rückwärts in einen ungesicherten Graben.

Bergung eines Lkw-Anhängers aus dem Isebekkanal am 14. Dezember 1939 mithilfe des Rüstkraftwagens.

Einsatz des Rüstkraftwagens zur Bergung eines verunfallten Lkws in der Wendenstraße am 23. April 1942.

Der Rüstkraftwagen der Feuerwehr wurde auch zur Tierbergung häufig alarmiert. Am 19. Januar 1940 half er einem gestürzten Elefanten wieder auf seine stämmigen Beine; er war aus einem Zirkus geflohen.

Als ein Pferd in den Süderkanal stürzte, gelang die Bergung ebenfalls mit dem Rüstkraftwagen der Feuerwehr. Das Foto entstand am 14. Februar 1941.

Glücklicherweise war dies kein Ernstfall, sondern ein Tankbrandversuch in Hamburg am 16. Februar 1939. Es wurden 60.000 Liter Benzin in einem 9,5 Meter hohen Tank mit einem Durchmesser von 18 Metern gezündet. Löschtrupps kühlen die Tankwände mit mehreren Strahlrohren. Der Tankbrand selbst wurde mit Luftschaum gelöscht.

Über eine Drehleiter wird übungsmäßig Luftschaum über einen sogenannten Schaumkrümmer auf einen angenommenen Brandherd abgegeben.

Ein „Gas-Wasserwagen" der Hamburger Gaswerke geriet am 24. Januar 1942 in Brand. Das Feuer wurde mit zwei Schaumrohren gelöscht.

Brand in einer Terpentinölfabrik am Billbrookdeich am 6. Juni 1940. Die Feuerwehr versucht, einen Löschangriff über ein eingeschlagenes Fenster der Fabrikationshalle vorzutragen.

Großfeuer in einem chemischen Betrieb in der Peutestraße am 2. Mai 1941. Eine gewaltige Rauchwolke steht über dem Gebäude.

Nach dem Luftangriff am 9. Mai 1941 brennen Fabrikationsanlagen der Deutschen Erdöl-Werke.

Nach der Machtübernahme der NSDAP hatte sich die Feuerschutzpolizei auf dem Hof der Hauptfeuerwache Berliner Tor vor dem Reichsstatthalter und Parteigrößen im Oktober 1933 zur Parade aufgestellt.

Und so sah der Hof der Hauptfeuerwache elf Jahre später nach dem schweren Bombenangriff am 18. Juni 1944 aus: Der Hof war von Trümmern übersät, alle Dächer waren abgedeckt.

Die Hauptfeuerwache Berliner Tor im Sommer 1939, kurz vor Kriegsausbruch.

Etwa vom selben Standpunkt gesehen: Ein Volltreffer hat das Vordergebäude der Hauptfeuerwache Berliner Tor am 18. Juni 1944 völlig zerstört.

Eine Einheit der Feuerschutzpolizei stellt sich im Jahre 1943 nach einem anstrengenden Nachteinsatz am Morgen dem Fotografen.

Die Feuerwache 14 (Harburg) wurde am 25. Oktober 1944 durch mehrere Bombentreffer schwer beschädigt. Mehrere Feuerwehrleute wurden im Keller verschüttet, konnten aber lebend geborgen werden.

Am 9. November 1941 fielen vier Sprengbomben auf den Hamburger Hauptbahnhof. Dennoch wurde der Zugverkehr nur wenige Stunden unterbrochen.

Eine Luftmine zerstörte am 4. Mai 1942 ein fünfstöckiges Wohnhaus in der Jenischstraße total.

Ebenfalls durch eine Luftmine wurden am 3. Februar 1943 mehrere Wohnhäuser in der Gasstraße zerstört.

Dieser Pkw der Feuerschutzpolizei fuhr am 25. Juli 1943 auf einer nächtlichen Einsatzfahrt auf der Hoheluftchaussee in einen Bombentrichter. Die Besatzung konnte sich retten.

Dieses Löschfahrzeug der Feuerschutzpolizei brannte am 28. Juli 1943 auf der Eilenaustraße im Feuersturm völlig aus.

Die Gewalt des Feuersturms nach dem schweren Bombardement in der Nacht vom 28./29. Juli 1943 war so groß, dass einzelne Bäume entwurzelt und abgeknickt wurden.

IV

DIE FEUERWEHR IN EINEM WELTHAFEN

Brände an Bord eines Schiffes während der Hafenliegezeit stellen ein erhebliches Gefahrenpotenzial dar. Im äußersten Fall drohen die Vernichtung der wertvollen Ladung und der Verlust des Schiffes. Zur Bekämpfung von Schiffsbränden sind Feuerlöschboote unentbehrlich. Ebenso werden sie bei Schiffsunfällen, zur Durchführung technischer Hilfeleistungen und zum Bergen und Lenzen von gekenterten Booten eingesetzt. Darüber hinaus übernehmen Löschboote vielfach auch Aufgaben im Rahmen des Gewässerschutzes. Mit ihrer Hilfe werden beispielsweise ausgelaufene Mineralöle und andere umweltschädigende Flüssigkeiten eingeschlängelt und mit Spezialgeräten aufgenommen.

Im 19. Jahrhundert stieg Hamburg zum größten deutschen Überseehafen auf. Ein Zahlenbeispiel: 1880 liefen 2.864 Dampfschiffe und 2.648 Segelschiffe den Hamburger Hafen an. Zur Schiffsbrandbekämpfung standen der Hamburger Feuerwehr seit Ende des 19. Jahrhunderts die Fährdampfer der HADAG zur Verfügung. Sie besaßen fast alle eingebaute leistungsfähige Löschpumpen. Aufgrund von Verträgen mit der Stadt waren nach einem besonderen Einsatzplan täglich mindestens vier Löschdampfer zur Löschhilfe eingeteilt. Ihre Alarmierung erfolgte mit der großen Hafenglocke, die im Kaispeicher A aufgehängt war. Die auf diese Weise akustisch alarmierten Löschdampfer nahmen an einem vorher bestimmten Sammelplatz die Feuerwehrmannschaften an Bord und brachten sie auf schnellstem Wege zu dem brennenden Schiff. Das Verfahren bewährte sich jahrzehntelang. Erst nach dem Zweiten Weltkrieg verzichtete man gänzlich auf die Mithilfe der Löschdampfer.

Im Jahr 1913 erhielt die Hamburger Feuerwehr ihre ersten beiden eigenen Feuerlöschboote namens „Feuerwehr I“ und „Feuerwehr II“. Bis 1944 kamen sechs weitere Löschboote hinzu. Damit besaß Hamburg von allen europäischen Hafenstädten die meisten Löschboote.

Zu den bemerkenswerten Schiffsbränden, nicht nur in Hamburg, zählt der Großbrand des kurz vor seiner Fertigstellung stehenden Passagierschiffs „Europa“ im Jahr 1928. Der 270 Meter lange Neubau des Norddeutschen Lloyd lag am Ausrüstungskai der Werft Blohm & Voss und geriet in der Nacht vom 25. zum 26. März in Brand. Da in allen Decks hölzerne Stellagen und Einbauten vorhanden waren, fand das Feuer reichlich Nahrung und breitete sich über alle Decks aus. Bei diesem bisher nicht da gewesenen Großeinsatz setzte die Feuerwehr zehn Löschzüge mit insgesamt 350 Feuerwehrmännern, 13 Löschdampfer und ein eigenes Feuerlöschboot ein. Mit sieben A-Rohren und 176 B-Rohren wurde das Feuer umfassend bekämpft, sodass die Maschinenanlagen und das Achterschiff auf einer Länge von ca. 100 Metern erhalten blieben.

Die Schiffsbrände im Hamburger Hafen betrafen in den drei Jahrzehnten von 1950 bis 1980 überwiegend Ladungsbrände. Ladungsgüter waren vor allem Fischmehl und Kopra-Expeller als Schüttgut (d. s. Pressrückstände aus Kokosnussfleisch, damals zur Margarineherstellung unverzichtbar) sowie Rohbaumwolle in Ballen. Die Brandbekämpfung zog sich meist über mehrere Tage hin. Zur Wasserversorgung der Löschkräfte an Bord wurden im Allgemeinen zwei Feuerlöschboote eingesetzt. Außer dem Löschmittel Wasser kamen in der Regel große Mengen von Schaummitteln zum Einsatz. Nicht ganz so häufig waren Brände von Stückgutfrachtern. Aufwendig gestaltete sich meist die Brandbekämpfung in Maschinenräumen und Decksaufbauten. Wegen ihrer Häufigkeit entwickelte sich die Schiffsbrandbekämpfung geradezu zu einer Spezialität der Hamburger Feuerwehr.

Nach dem Zweiten Weltkrieg wurde die Löschbootflotte von 1965 bis 1985 durch insgesamt sieben moderne Neubauten erneuert. Seit der Einführung der Containerschiffe ging die Anzahl der Schiffsbrände rapide zurück. Entsprechend dem verminderten Brandrisiko wurde die Anzahl der Hamburger Feuerlöschboote schrittweise verringert und beträgt gegenwärtig zwei ständig besetzte Boote und ein Reserveboot.

Das 1930 in Dienst gestellte Feuerlöschboot „Feuerwehr IV" blieb bis heute in Fahrt. Nach seiner Aussonderung im Jahre 1980 blieb es als Museumsboot erhalten und wird heute vom Verein Hamburger Feuerwehr-Historiker e. V. betreut. Es ist in die Denkmalschutzliste übernommen und dürfte das älteste noch in Fahrt befindliche Löschboot der Welt sein.

Nicht nur den Brandschutz, sondern auch den Unfallhilfsdienst stellt die Feuerwehr Hamburg im gesamten Hafengebiet sicher. Dazu diente seit 1928 das Unfallboot. Es beförderte Verletzte von Unfallstellen, die auf dem Landweg nicht erreichbar waren, zum nächstgelegenen Krankenhaus. Das Unfallboot erhielt nach immerhin 70 Jahren zuverlässigem Betrieb 1968 einen modernen Nachfolger. Das neue Unfallboot, 1971 in „Ambulanzboot 34" umbenannt, konnte 1985 aufgegeben werden, weil dessen Aufgaben das neu erbaute Lösch-Ambulanzboot „Oberspritzenmeister Repsold" übernahm.

Um den zeitaufwendigen Landweg beim Krankentransport vom südlich der Elbe gelegenen Stadtteil Finkenwerder in Hamburger Krankenhäuser nördlich der Elbe zu vermeiden, beschaffte die Feuerwehr 1958 ein spezielles Krankenboot, 1971 in „Ambulanzboot 35" umbenannt. Es beförderte die Patienten von der Bootsstation der Feuerwache Finkenwerder quer über die Elbe zu einem geeigneten Anleger, wo sie ein Krankenwagen zur Weiterbeförderung übernahm. Nach der Eröffnung des neuen Elbtunnels am 10. Januar 1975 wurde das Krankenboot entbehrlich und 1977 zur Versteigerung gegeben.

Hamburgs erstes Feuerlöschboot „Feuerwehr I“ lief 1913 vom Stapel. Es überstand beide Weltkriege und blieb bis 1949 im Dienst.

Das Feuerlöschboot „Feuerwehr III“ (in Dienst von 1927 bis 1949) bringt die Schlängelanlage im Petroleumhafen aus, 1936. Mit ihr wird die Ausbreitung von ausgelaufenem Öl auf der Wasseroberfläche verhindert.

„Feuerlöschboot VII" war von 1945 bis 1979 im Dienst und befindet sich hier auf Kontrollfahrt im Treibeis auf der Unterelbe im Januar 1947.

Feuer an Bord des Tankmotorschiffes „Marianne" am 21. Mai 1955. „Löschboot V" ist im Einsatz. Die Umgebung des brennenden Tankschiffes ist zur Sicherung eingeschäumt.

„Feuerlöschboot VII“ bei einer der routinemäßigen Pumpenproben. Das Löschwasser wird über die beiden Wenderohre abgegeben.

Mit zwei Wenderohren verhindert die Besatzung des „Löschbootes VII" am 3. Februar 1954 das weitere Vordringen von ausgelaufenem Rohöl im Rethekanal.

„Löschboot X" (in Dienst von 1948 bis 1983) an der Bootsstation der Feuerwache Petroleumhafen.

Feuerlöschboot „Feuerwehr VI“ und ein weiteres Feuerlöschboot im Einsatz beim Brand eines Frachtschiffes in den 1950er-Jahren.

Die Hamburger Feuerwehr wurde insbesondere in den drei Jahrzehnten von 1950 bis 1980 häufig zu Schiffsbränden gerufen. Am 12. Juli 1961 gerieten in Luke 1 des MS „Botilla Russ“ Kraftfahrzeuge, Autoreifen, Kunststoffe und Textilien in Brand. Das Feuer wurde mit Wasser und zwei Schaumrohren gelöscht.

Feuer in Luke 2 des MS „Kambodia“ am 7. September 1963. Das Deck rund um die Luke ist vom vorhergehenden Löschversuch mit Schaumresten verschmutzt. Wegen starker Rauchentwicklung wurde die Luke zunächst wieder geschlossen.

„Löschboot VII“ im Einsatz beim gekenterten Kühlschiff „Brunswick“ am 18. Juni 1964.

Einsatz eines Mittelschaumrohres beim Ladungsbrand auf MS „Arya Gam“ am 15. Juni 1971. Es brannten Sonnenblumenkerne in Luke 2.

Am 20. August 1971 brannte der Hafenschuppen 48. Drei Feuerlöschboote greifen den Brand mit ihren Wenderohren von Außen an und stellen die Wasserversorgung der Angriffstrupps an Land sicher.

Feuerlöschboot „Branddirektor Westphalen" (in Dienst von 1979 bis 1994) auf einer Kontrollfahrt im Hamburger Hafen.

Feuerlöschboot „Oberbaurat Schmidt" (in Dienst seit 1980) auf einer Kontrollfahrt auf der Süderelbe.

Die Feuerlöschboote „Branddirektor Kipping“ (in Dienst seit 1975) und „Branddirektor Dr.-Ing. Sander“ (in Dienst von 1965 bis 1986) demonstrieren im Köhlfleethafen die verschiedenen Höhen ihrer Löschleitern.

Der vorläufig letzte Neubau: 1985 wurde das Lösch-Ambulanzboot „Oberspritzenmeister Repsold“ in Dienst gestellt. Es nimmt sowohl die Aufgaben der Brandbekämpfung als auch der Versorgung und Beförderung von Verletzten wahr.

Das erste Unfallboot der Feuerwehr Hamburg war von 1929 bis 1969 im Dienst, immerhin 70 Jahre, bis es einen modernen Nachfolger erhielt. Das Unfallboot diente zur Versorgung und Beförderung von Verletzten im gesamten Hafengebiet. Nach dem Zweiten Weltkrieg war es aufgrund der Anordnung der britischen Besatzungsmacht mit „Hamburg Fire Brigade" gekennzeichnet.

Das neue Unfallboot ging Anfang 1969 in Dienst. 1971 wurde es in „Ambulanzboot" umbenannt und 1985 aufgegeben, da die Verletztenversorgung im Hafen vom 1985 neu erbauten Lösch-Ambulanzboot „Oberspritzenmeister Repsold" übernommen wurde.

Eine verletzte Person wird mithilfe einer sogenannten Marinetrage von Bord eines Frachtschiffes zum Unfallboot gebracht.

Das 1958 in Dienst gestellte Krankenboot (ab 1971 „Ambulanzboot 17“) beförderte Patienten vom Stadtteil Finkenwerder in hamburgische Krankenhäuser. Die Fahrt quer über die Elbe kürzte die Fahrzeit auf dem Landweg erheblich ab. Mit der Eröffnung des neuen Elbtunnels am 10. Januar 1975 wurde das Krankenboot entbehrlich und 1977 versteigert.

War das Krankenboot vorübergehend nicht einsatzbereit, wurden Patienten ersatzweise mit einem Löschboot von Finkenwerder über die Elbe befördert.

V

FEUERWACHEN DER BERUFSFEUERWEHR UND GERÄTEHÄUSER DER FREIWILLIGEN FEUERWEHREN

So sah die schwer beschädigte Hauptfeuerwache Berliner Tor kurz nach Kriegsende aus. Das Vordergebäude ist total zerstört, Teile des Hauptgebäudes sind eingestürzt.

Die Hauptfeuerwache Berliner Tor nach dem Wiederaufbau im Jahre 1953. Die vorgefahrenen Fahrzeuge stammen noch aus der Kriegszeit.

Die älteste noch im Dienst stehende Feuerwache ist die 1909 erbaute Wache in der Admiralitätstraße. Sie hatte den Zweiten Weltkrieg fast unbeschädigt überstanden.

Die von Oberbaudirektor Schumacher entworfene Feuerwache 12 (Veddel) ging am 16. April 1928 in Dienst. Auch sie überstand den Zweiten Weltkrieg fast unbeschädigt. Diese Aufnahme entstand Mitte der 1950er-Jahre.

Die Feuerwache 11 (Alsterdorf) wurde nach Plänen von Oberbaudirektor Fritz Schumacher erbaut und am 14. November 1914 in Dienst gestellt. Diese Aufnahme entstand etwa 1955.

Nach dem Zweiten Weltkrieg wurde erstmals im Stadtteil Blankenese eine Feuerwache der Berufsfeuerwehr eingerichtet. Sie fand von Oktober 1945 bis Januar 1979 im ehemaligen Kutscherhaus einer Kaufmannsvilla ihre provisorische Unterkunft.

1957 wurde im Stadtteil Finkenwerder erstmals eine Feuerwache der Berufsfeuerwehr in Betrieb genommen. Zu der Dienststelle gehörte auch eine Bootsanlage für das dort stationierte Feuerlöschboot und das Krankenboot.

Die Feuerwache Wilhelmsburg beging 1955 ihr 25-jähriges Bestehen. Von links: Drehleiter, Löschgruppenfahrzeug, Tanklöschfahrzeug, Unfallwagen und Kommandowagen.

1905 richtete die Berufsfeuerwehr die Feuerwache 8 (Steinwerder) im Freihafen ein. Die am Ellerholzdamm gelegene Wache bestand bis 1985. Diese Aufnahme stammt aus dem Jahre 1952.

Im Jahre 1956 wurde erstmals eine Feuerwache der Berufsfeuerwehr im Stadtteil Wandsbek eingerichtet. 1994 zog die Wache an einen neuen Standort in der Stein-Hardenberg-Straße. Auf dem Gelände der ehemaligen Feuerwache Wandsbek entstand der Neubau des Hamburger Staatsarchivs.

Die Feuerwache Berliner Tor war 1960 mit einem modernen Pullman-Löschzug ausgestattet. Im Hintergrund ist das damals im Bau befindliche Polizei-Hochhaus zu sehen.

Die Feuerwache Barmbek in den 1960er-Jahren. Sie war mit einem Pullman-Löschzug ausgestattet.

Die Feuerwache Harburg bestand 1974 50 Jahre. Anlässlich dieses Jubiläums zeigte sie ihre Einsatzfahrzeuge: den Drei-Fahrzeug-Löschzug, einen Rettungswagen, einen Krankenwagen und vorn links einen Einsatzleitwagen.

Ab 1975 war an der Feuerwache Berliner Tor ein Löschzug mit der neuen Kurzhauber-Generation von Mercedes-Benz stationiert. Von links: Drehleiter, Löschgruppenfahrzeug, Tanklöschfahrzeug.

1979 war die Feuerwache Berliner Tor als erste mit einem Löschzug der neuen Frontlenker-Generation von Mercedes-Benz ausgestattet. Intern hieß er „HANSA-Löschzug". Von links: Löschgruppenfahrzeug, Drehleiter, Tanklöschfahrzeug.

Mitten im Dorf lag das 1875 errichtete Spritzenhaus der Freiwillige Feuerwehr Volksdorf, immerhin schon mit zwei Remisen.

Als die Freiwillige Feuerwehr Kirchdorf 1908 gegründet wurde, fand sie Unterkunft in diesem Spritzenhaus, in dem lediglich für einen Tragkraftspritzen-Anhänger Platz war.

Im Gerätehaus der 1889 gegründeten Freiwilligen Feuerwehr Niendorf standen in den 1960er-Jahren ein Löschfahrzeug LF 8 (rechts) und ein Tanklöschfahrzeug des Bundes (links).

Als die Freiwillige Feuerwehr Neuenfelde-Süd 1903 gegründet wurde, genügte noch ein Gerätehaus mit einer Remise. Es war zwischen zwei Bauernhäusern gelegen, im typischen Altländer Fachwerk-Baustil.

Bis Mitte der 1960er-Jahre nutzte die 1886 gegründete Freiwillige Feuerwehr Groß-Flottbek dieses 1900 errichtete Wachgebäude. Ein Löschgruppenfahrzeug und ein Tanklöschfahrzeug des Katastrophenschutzes waren auf engstem Raum untergebracht.

Die Freiwillige Feuerwehr Kirchwerder-Nord wurde 1877 gegründet. Sie ist eine der ältesten Freiwilligen Feuerwehren auf hamburgischem Staatsgebiet. Das neue Gerätehaus wurde 1928 als sogenannter Zweispänner errichtet.

Am 13. November 1926 wurde die neue Feuerwache der 1910 gegründeten Freiwilligen Feuerwehr Bergedorf in der Brauerstraße (heute Chrysanderstraße) offiziell ihrer Bestimmung übergeben. Der stattliche Backsteinbau wird noch heute von der Freiwilligen Feuerwehr genutzt.

Als der Stadtteil Eidelstedt noch nicht zu Hamburg gehörte, wurde für die dortige 1887 gegründete Freiwillige Feuerwehr 1924 eine großzügig bemessene Feuerwache gebaut. Sie ist heute noch in Betrieb.

Die 1885 gegründete Freiwillige Feuerwehr Lokstedt erhielt 1926 dieses Feuerwehrhaus mit drei Remisen.

Notdürftig war das Löschgruppenfahrzeug der 1890 gegründeten Freiwilligen Feuerwehr Hummelsbüttel nach dem Zweiten Weltkrieg in einer sogenannten Nissenhütte untergebracht. Das Provisorium endete 1966. Vorgefahren ist ein Löschgruppenfahrzeug LF 25 von Magirus.

Auch die 1896 gegründete Freiwillige Feuerwehr Moorfleet musste nach dem Zweiten Weltkrieg bis 1956 mit einer Nissenhütte als Fahrzeugunterkunft vorlieb nehmen.

Die 1883 gegründete Freiwillige Feuerwehr Sasel war bis 1972 in diesem öffentlichen Gebäude am Markt untergebracht, ehe sie 1982 ein eigenes Gerätehaus bezog.

Im 1984 erbauten neuen Gerätehaus der 1891 gegründeten Freiwilligen Feuerwehr Duvenstedt waren in den 1980er-Jahren ein Löschgruppenfahrzeug und ein Tanklöschfahrzeug des Katastrophenschutzes untergestellt.

VI

DIE FEUERWEHR NACH DEM ZWEITEN WELTKRIEG

Der erste Grundausbildungslehrgang nach dem Zweiten Weltkrieg fand 1946 statt. Die Feuerwehrmann-Anwärter sind auf dem Hof der Hauptfeuerwache Berliner Tor vor den britischen Aufsichtsoffizieren angetreten.

Der Brand des Warenhauses Karstadt in der Mönckebergstraße am 29. Juli 1948 erforderte den größten Einsatz der Hamburger Feuerwehr seit dem Zweiten Weltkrieg. Zehn Löschzüge der Berufsfeuerwehr und acht Freiwillige Feuerwehren bekämpften das Großfeuer. Das Feuer war nach Geschäftsschluss im ersten Obergeschoss ausgebrochen.

Dramatische Rettung von 25 vom Feuer eingeschlossenen Personen über Drehleiter und Steckleiter. Im Obergeschoss des Geschäftshauses am Neuen Wall 59 war am 14. Dezember 1950 ein Brand ausgebrochen.

Das ging schief! Während eines Einsatzes in der Langen Reihe gaben die Stützen auf der linken Seite dieser Drehleiter nach, die sich daraufhin bedrohlich zur Seite neigte. Verletzt wurde niemand.

Einsatz der Feuerwehr in der Barmbeker Straße in den 1950er-Jahren. Hinter der Drehleiter steht ein Tanklöschfahrzeug. Das Feuer war schnell gelöscht.

Die Freiwillige Feuerwehr Sasel bekämpft am 28. April 1949 das Feuer im reetgedeckten Saseler Gemeindehaus.

Die Freiwillige Feuerwehr Curslack bekämpft am 3. Juni 1955 das Feuer in einem reetgedeckten Bauernhaus.

Die Feuerwehr birgt einen Pkw, der am 28. Januar 1959 in der Süderstraße in die Bille gestürzt war. Viele Schaulustige verfolgen die Bergungsaktion.

Am 6. April 1964 durchbrach ein Pkw den Absperrzaun am Herrengrabenfleet und stürzte ins Wasser. Da der Unfallort gegenüber der Feuerwache Admiralitätstraße lag, gelang es der Feuerwehr in kurzer Zeit, den Fahrer aus seinem Wagen zu retten. Danach wurde der Pkw mit der Seilwinde des inzwischen angerückten Rüstkranwagens an Land gezogen.

Am 16./17. Februar 1962 wurde die Stadt Hamburg von einer schweren Sturmflut heimgesucht. Hunderte von Menschen im Stadtteil Wilhelmsburg waren von der Flut in ihren Häusern eingeschlossen. Die Feuerwehr rettete zahlreiche Bewohner aus akuter Lebensgefahr.

Die Sturmflut richtete gewaltige Schäden in den Überflutungsgebieten an. Auch die Feuerwehr erlitt Sachschäden. Dieses Löschfahrzeug wurde von der Flut überrascht. Die Pfeile geben die Höhe des Flutstands an.

Großfeuer eines Möbellagers in der Straße Am Stadtrand am 14. April 1963. Der Brand wurde von vier Löschzügen der Berufsfeuerwehr und vier Freiwilligen Feuerwehren bekämpft.

Am Ostersamstag, dem 29. März 1964, brach in einem Wohnhaus in der Schanzenstraße ein Brand aus, den die Kräfte zweier Löschzüge löschten.

Zur Bekämpfung des Großfeuers in einem 10-geschossigen Futtermittelsilo in der Hovestraße am 30. August 1964 wurde „Alarmstufe 8“ ausgelöst, d. h., es wurden acht Löschzüge angefordert. Von außen bekämpften zwei Feuerlöschboote das Feuer mit ihren Wenderohren.

Feuer im Dachstuhl eines Hauses in der Straße Brandsende (!) am 5. Juni 1966. Die Brandbekämpfung in einem Gebäude mit alter Bausubstanz ist besonders schwierig.

Die Feuerwehr kühlt die mit Teerpappe abgedeckte Dachhaut einer Lagerhalle mit Wasser-Sprühstrahlen. Die Lagerhalle in der Friedensallee war am 3. Juli 1966 in Brand geraten.

Zur Unterstützung des Innenangriffs bei der Bekämpfung eines Lagerhallenbrandes in der Billstraße 188 am 5. Dezember 1967 wurde auch eine Drehleiter eingesetzt.

Brand in einem Betrieb der Speiseölfabrikation in der Seehafenstraße am 27. Juli 1968. Angriffstrupps nehmen Rohre im Kellergeschoss und über eine Drehleiter im ersten Obergeschoss vor.

Zwei Drehleitern im Einsatz beim Brand eines Kühlhauses in der Nehlstraße am 29. November 1974.

Mit dem Rüstkranwagen wird ein Pkw geborgen, der am 5. Juni 1967 beim Schuppen D in die Elbe gestürzt war.

Eine Hilfeleistung in eigener Sache: Ein Löschfahrzeug kam 1967 von der Straße ab und überschlug sich. Die Besatzung wurde glücklicherweise nur leicht verletzt.

Feuer in der St.-Pauli-Bar, Große Freiheit 2–4, am 6. Mai 1965. Das Feuer wurde im Innenangriff und über zwei Drehleitern von außen bekämpft. Die Bar brannte völlig aus.

Dachstuhlbrand in einem siebengeschossigen Geschäftshaus am Jungfernstieg am 12. August 1969 – Alarmstufe 3. Bevor der Brand sich auf die unteren Geschosse ausbreiten konnte, gelang es, das Feuer zu löschen.

Drei Weihnachtsschokoladenmänner: Als in einem Kakao verarbeitenden Betrieb am Friesenweg ausgerechnet am 24. Dezember 1964 ein Großbrand ausbrach, wurden die Feuerwehrmänner durch ausgelaufene Kakaomasse „versüßt".

Nach getaner Arbeit: Ein erschöpfter Feuerwehrmann nimmt seine Atemschutzmaske ab.

Winterfreuden an einer Feuerwache: Die Feuerwehrmänner haben einen prächtigen Schneemann gebaut.

Feuerwehrmänner als Köche: An allen Hamburger Feuerwachen wird täglich ein warmes Mittagessen zubereitet.

Großbrand in einem chemischen Betrieb in der Hovestraße am 18. Mai 1974. Mit dem Wenderohr eines Tanklöschfahrzeugs werden die durch Strahlungshitze gefährdeten Kesselwagen gekühlt. Es wurde Alarmstufe 8 ausgelöst.

Das Feuer in einem Geschäftshaus in der Straße Cremon am 29. April 1980 wird im Innenangriff und von Außen über zwei Drehleitern bekämpft. Von der Einsatzleitung wurde Alarmstufe 4 gegeben.

Rückmeldung: „Brennt Tanklastzug mit 40.000 Litern Kraftstoff in ganzer Ausdehnung!" Nach einem schweren Verkehrsunfall am 23. März 1984 in der Amsinckstraße war ein umgestürzter Tanklastzug sofort in Brand geraten.

Am 31. Januar 1993 hatte die Feuerwehr prominenten Besuch: Der beliebte Schauspieler Roger Moore, bekannt als James-Bond-Darsteller, kam in seiner Eigenschaft als Botschafter der UNICEF, dem Kinderhilfswerk der UN, nach Hamburg. Mädchen und Jungen der Jugendfeuerwehr bereiteten ihm einen begeisterten Empfang. Oberbranddirektor Farrenkopf überreichte ihm die Bronzetafel „No. 1" der Hamburger Feuerwehr.

Buchhinweise

Die Geschichte der Feuerwehr
Fotografien aus zwei Jahrhunderten

Hajo Brandenburg

ISBN: 978-3-86680-450-0
19,90 € [D]

Der Hamburger Hafen
Eine Zeitreise in Bildern

Harry Braun und Klaus Rahn
Hrsg. v. Dorothée Engel

ISBN: 978-3-86680-365-7
24,90 € [D]

Hamburg in historischen Karten
1528 bis 1920

Landesbetrieb Geoinformation und Vermessung

978-3-86680-526-2
24,90 € [D]

Weitere Bücher aus Ihrer Region finden Sie unter:
www.suttonverlag.de